AF337632

NOTICE

SUR LE DOCTEUR

FRANÇOIS-VICTOR BALLY

MÉDECIN EN CHEF DE L'EXPÉDITION DE ST-DOMINGUE

Né à Beaurepaire d'Isère, le 22 avril 1775

Mort à Salon (Bouches-du-Rhône), le 21 avril 1866

PAR

JOSEPH MINJOLLAT

PROFESSEUR AU LYCÉE IMPÉRIAL DE MARSEILLE.

*Neminem lœdere et suum
cuique tribuere.*

VIENNE

TYPOGRAPHIE ET LITHOGRAPHIE DE SAVIGNÉ

PLACE DE L'HÔTEL-DE-VILLE, 13

M. DCCC LXVII

AVANT-PROPOS

En publiant cette brochure, je n'ai pas la prétention de sauver de l'oubli le nom d'un homme dont la mémoire est impérissable ; j'acquitte seulement une dette sacrée, celle de la reconnaissance.

Pendant que la plupart des villes de notre belle France fouillent dans la poussière de leurs archives pour y trouver des hommes auxquels elles puissent élever une statue, Beaurepaire, ce riant chef-lieu de canton, qui n'a pu se défendre d'un juste orgueil en apprenant qu'un de ses enfants se trouvait dans le nombre de ces hommes dévoués qui, il y a quarante-cinq ans, allèrent affronter un fléau terrible, Beaurepaire, dis-je, semble ignorer les hommes célèbres qu'elle a vus naître (1).

Beaurepaire voit avec indifférence la nudité de sa nouvelle place publique, lorsque Bally, qui consacra toute sa vie au soulagement de l'humanité souffrante, pourrait si bien poser sur le piédestal de la reconnaissance et de l'admiration.

(1). Parmi les célébrités qui ont vu le jour à Beaurepaire, nous citerons : le chirurgien Pierre Mazuyer ; le capitaine Anne de Beaurepaire ; Pierre Allard, savant pharmacien ; Gay de Laporte, illustre capitaine aux dragons de la Ferronays ; le comte Français de Nantes, conseiller d'Etat ; Ferdinand de Barrin, ancien colonel, baron de l'Empire, et Vital Berthin, auteur savant et archéologue distingué.

Il y a quelques mois, mes confrères *de la presse* ont parlé d'un projet tendant à élever une statue à l'ex-médecin en chef de Saint-Domingue ; en effet, si Barcelone voulut témoigner sa reconnaissance au jeune docteur Mazet qui ne fit qu'apparaître dans ses murs, en lui faisant élever un tombeau princier, si des souscriptions furent ouvertes à Paris et à Grenoble, pour élever des monuments à sa mémoire, Beaurepaire ne doit-il pas perpétuer le souvenir des grandes actions du savant hygiéniste et conserver aux générations futures ses traits vénérés.

Les sociétés savantes dont Bally faisait partie, le corps médical, tiendront à honneur, nous n'en nous doutons pas, de s'inscrire sur la liste de souscription, à la suite des compatriotes de leur collègue.

Espérons que bientôt la statue de Victor Bally décorera notre nouvelle place publique et que l'administration municipale voudra bien donner aux rues de notre petite ville, le nom des hommes marquants qui sont ses enfants ; alors chaque inscription sera une page de son histoire et excitera dans le cœur des générations à venir, l'émulation pour les grandes actions.

Marseille, le 11 décembre 1866.

JOSEPH MINJOLLAT.

LE DOCTEUR

FRANÇOIS-VICTOR BALLY

Médecin en chef de l'expédition de St Domingue

PAR

JOSEPH MINJOLLAT

SON COMPATRIOTE

François-Victor Bally, originaire de Beaurepaire d'Isère, se distingua dès sa plus tendre enfance, par sa rare intelligence et son goût, pour la carrière des armes. Son père qui comptait à Grenoble de nombreuses relations, l'envoya au collége de cette ville, établissement alors en grand renom.

A peine âgé de quinze ans, mon compatriote quitta le collége où il s'était signalé par de brillants succès littéraires. Il revint au foyer paternel, indécis encore sur la carrière qu'il allait embrasser.

Beaurepaire, si connu par son patriotisme, fournissait alors son contingent de volontaires, car les ennemis de la France menaçaient nos frontières, (1792). Le jeune collégien, électrisé à l'annonce des dangers dont sa patrie était menacée, voulut se joindre aux bandes de patriotes qui se portaient sur les Alpes alors envahies.

Il s'arracha des bras de sa famille éplorée et se mit en route pour Grenoble, ville qui lui était chère par ses souvenirs classiques.

Le commandant de place, intime ami du père Bally, accueillit très-bien le jeune patriote, mais en apprenant son projet, il lui fit observer que sa constitution délicate était un obstacle à ses desseins, et lui conseilla de rentrer à l'hôpital militaire en qualité d'élève.

Bally suivit le conseil que lui donnait l'ami de sa famille, il rentra à l'hôpital et ne tarda pas à se faire remarquer par sa grande soif d'instruction et son aptitude pour les sciences médicales ; il consacrait tous ses moments à l'étude d'un art dans la pratique duquel il devait entourer son nom d'une auréole de gloire ; de l'amphithéâtre à la salle des malades, de l'hôpital à la bibliothèque de la ville, telles étaient ses occupations.

Nos armées aux prises avec les ennemis de la république, remportaient de brillants avantages ; les besoins étaient grands dans les corps de santé.

Le jeune dauphinois, signalé par ses professeurs, reçut l'ordre de partir pour les ambulances avec le titre de *chirurgien sous-aide ;* à l'armée comme à l'hôpital de Grenoble, il fit preuve de dévouement et se fit aussi remarquer par sa capacité ; le grade de *chirurgien-major* fut sa récompense.

En 1794, Bally demanda un congé qui lui fut accordé, il vint à Montpellier étudier la médecine près de l'ancienne et célèbre faculté de cette ville.

Trois ans après (août 1797) il soutenait une thèse remarquable (1) et, après de brillantes épreuves, recevait le bonnet de docteur.

Le drapeau tricolore flottait alors sur les principales places de l'Italie, notre armée était triomphante ; le nouveau docteur qui était revenu à Beaurepaire près de son père, fier à juste titre d'un tel fils, rejoignit l'armée française.

Il donna de nouvelles preuves de son courage en exposant ses jours pour aller, sous des pluies de balles, secourir les soldats blessés et assista à la célèbre bataille de Marengo.

A son retour, il fut attaché en qualité de médecin, aux hôpitaux d'Antibes et de Toulon.

De Toulon, on le dirigea sur l'armée d'Espagne ; après être resté quelque temps à l'hôpital de Valadolid comme médecin en chef, il

____

(1) Thèse sur la *gangrène.*

passa en Portugal pour y faire des études spéciales sur les maladies épidémiques (1804).

La France était sur le point de perdre une de ses plus belles colonies, on venait d'apprendre que les noirs de St-Domingue, ayant à leur tête le fameux Toussaint-Louverture, avaient arboré l'étendard de la révolte.

Bonaparte arma une flotte et confia le commandement en chef de cette expédition à son beau-frère, le général Leclerc.

Bally qui avait déjà fait ses preuves en Italie, en Espagne et en Portugal, fut nommé *médecin en chef de l'expédition*, il n'avait alors que 27 ans, et malgré sa jeunesse le gouvernement n'avait pas hésité à lui confier le service sanitaire de terre et de mer.

Il eut à lutter contre des difficultés de toutes sortes, d'abord contre la fièvre jaune qui emporta 40,000 personnes ; Leclerc lui-même succomba.

C'est en cette circonstance que le jeune médecin en chef fit preuve d'une grande énergie. Il se réserva l'hôpital affecté au traitement du *vomito* ; il en fit une étude approfondie, consacrant à peine quelques heures au sommeil et passant des journées entières dans cette atmosphère empestée.

Notre armée littéralement exterminée par cette peste américaine, fut forcée de capituler. Bally resta prisonnier des Anglais.

Mis en liberté sur parole, il quitta la Jamaïque où il était consigné, et avant de rentrer en France il voulut étudier la fièvre jaune à la Havane et aux Etats-Unis.

Ce terrible fléau ne devait pas tarder à apparaître en Europe, il exerça d'abord ses ravages sur le littoral espagnol, de Barcelone à Cadix (1805). Le gouvernement chargea Bally, Desgenettes et Duméril d'aller sur les lieux pour rechercher l'origine de cette maladie qui, en un an, avait fait un million de victimes dans la péninsule.

A son retour, il se démit de son grade dans l'armée. En 1820, une maladie épidémique désolait le département de l'Oise ; l'ex-médecin en chef de St-Domingue fut chargé de l'observer.

A cette époque, l'esprit mercantil ne comprenait pas la nécessité des quarantaines, cependant la fièvre jaune moissonnait les habitants de la Havane ; les navires venant des ports infectés étaient admis de suite en libre pratique sur tout le littoral espagnol.

Les capitaines-marins trompaient facilement l'administration sanitaire des ports, administration qui, par sa tolérance, ne craignait pas, en favorisant le commerce, de compromettre la santé des masses.

Les chaleurs tropicales de l'année 1821 favorisèrent le développement du fléau, et Barcelone, qui faisait un grand commerce avec les Antilles, ne tarda pas à être éprouvée par la maladie.

Les deux tiers de la population émigrèrent, et, sur les 60 à 70 mille qui restaient, on ne comptait pas moins de 500 cas mortels par jour.

Le voisinage de cette maladie inspira, au gouvernement français, des craintes sérieuses pour ses belles provinces du Midi, que le fléau menaçait d'envahir.

Une commission, formée de suite, fut chargée d'aller étudier les moyens de combattre le fléau américain et de garantir les provinces frontières.

L'académie jeta les yeux sur Bally et le proposa au Ministre de l'Intérieur qui l'accepta et le nomma président de la commission médicale. Il s'adjoignit François de Sens, familiarisé comme lui avec la fièvre jaune et qui, 18 ans auparavant, à St-Domingue, avait été sous ses ordres. Le savant Parizet, le jeune docteur Mazet et Rochoux, médecins anti-contagionistes, leur furent adjoints.

Le ministre de la guerre nomma le docteur Audouard, médecin principal des armées, en debors de la commission, laquelle quitta Paris, le 28 septembre 1821 et arriva dans la grande cité catalane, le 9 octobre suivant.

Après s'être entendus avec l'alcade don José de Cabanas, homme dévoué au bien public, les cinq docteurs se partagèrent le travail.

Bally et son compagnon François eurent pour mission de visiter les malades en ville et dans les hôpitaux.

« La France entière admira le courage de ces hommes qui ne
« craignaient pas d'affronter un imminent danger en se rendant au
« sein d'une ville où la mort avait étendu son empire. De toutes
« parts, les plus vives sympathies s'éveillèrent ; on s'occupait d'eux
« avec un intérêt plein d'inquiétude ; les journaux rendaient compte
« chaque jour de leurs moindres actions ; leurs lettres particulières
« étaient rendues publiques, le *Moniteur* lui-même en contient dix
« de ce genre émanant de M. Bally. Enfin, à une époque où la fiè-
« vre jaune passait généralement pour contagieuse, on regarda ce
« dévouement comme héroïque. La mort de l'un d'eux, de Mazet,
« atteint par le fléau, vint lui ajouter un caractère de sombre gran-
« deur (1). »

Mazet, deux jours après son arrivée, n'ayant vu que deux malades,
fut atteint de la terrible maladie. Bally ne quitta pas son collègue
qui mourut dans ses bras le 25 octobre (2).

Le 25 du même mois, Bally lui-même fut atteint du *vomito*, on
craignit un instant pour ses jours ; une sueur froide le sauva, mais
un Français qui l'avait suivi en qualité de domestique, fut foudroyé
en vingt-quatre heures par le fléau.

« Encore imparfaitement guéri de sa grave maladie, Bally avait
« commencé, pour le compte de la commission, des ouvertures de
« cadavres, et lui seul fit, à dater de ce moment, toutes celles qui
« ont été consignées dans le livre qu'ils publièrent. Il n'est pas à
« ma connaissance que M. François ait jamais participé à ce péni-
« ble travail ; mais il visitait beaucoup plus de malades que nous
« tous et, sous ce rapport, il a des droits assurés à l'estime publi-

(1) Biographie du Dauphiné (2 vol. in-8°) par A. Rochas, tome 1er, page 58,
1re colonne, lettre B.

(2) André Mazet, né à Grenoble le 28 décembre 1793, d'abord chirurgien
aide-major au 11e de ligne, reçu docteur en médecine le 3 juillet 1819, étudia
la fièvre jaune à Cadix (fin de 1819); il était très-lié d'amitié avec le célèbre
Parizet.

« que. » (Extrait de la relation historique et médicale de la fièvre jaune de Barcelone, par Audouard).

D'un désintéressement sans précédent, il n'établissait aucune différence entre le pauvre et le riche, et tout le temps qu'il remplit cette rude mission, il n'accepta jamais aucun salaire.

La commission quitta Barcelone à la fin de novembre, emportant les bénédictions de ces mêmes populations qui, quelques années auparavant, avaient violé les traités en massacrant nos soldats et en les retenant prisonniers sur un rocher aride (Cabrera).

Après avoir été soumise à plusieurs quarantaines, elle se dirigea sur Paris où elle fut accueillie avec enthousiasme. Delphine Gay (Mme de Girardin), dans un poème mis au concours, proclama le dévouement du modeste et savant Bally; les corps savants le présentèrent comme candidat à l'Académie des sciences.

Nommé Officier de la Légion d'honneur, le 5 décembre 1821, il fut créé chevalier de St-Michel, le 20 du même mois.

Le 22 février 1822, le gouvernement proposa à la chambre des députés de lui accorder, ainsi qu'aux autres membres de la commission, à titre de récompense nationale, une pension de 2,000 francs.

Il fut ensuite nommé associé étranger de la Société de médecine de Wilna (mars 1822); chevalier de l'ordre de St-Ferdinand, de Charles III d'Espagne (mai, même année); membre du conseil supérieur de santé du royaume (21 avril 1822); médecin en chef de l'hôpital de la Pitié (8 octobre), de la Charité, de l'Hôtel-Dieu de Paris, Président de l'Académie impériale de médecine, grand cordon de saint Michel, etc., etc.

Ce fut le docteur Bally qui rédigea le programme que Méhémet-Ali demanda au conseil supérieur de santé de France, programme qui préserva l'Egypte du choléra.

En 1852 (de mars 1832 à janvier 1855), Bally fut chargé spécialement, lorsque le fléau asiatique exerçait ses ravages à Paris, des salles des cholériques à l'Hôtel-Dieu.

Un an auparavant, étant veuf et sans enfants, il avait épousé une femme modeste et douce, la veuve d'un colonel de cavalerie (1).

Modeste autant que savant, préférant le calme et la paix des champs aux grands avantages que lui offraient la capitale, il vint s'enfermer dans une charmante retraite, au château de la Butte, sur les bords de l'Yonne, à Villeneuve.

C'est de cette paisible retraite que deux fois il manifesta le désir d'ajouter à ses titres celui de député. Il adressa, en 1842, une profession de foi dans le sens libéral aux électeurs du 2e collège électoral de Grenoble, et une seconde, plus démocratique, aux électeurs de l'Yonne (datée de Paris le 1er mars 1848).

Bally était un des membres fondateurs de la société pour l'instruction élémentaire, dont il fut vice-président, en 1854, et secrétaire en 1835.

C'est lui qui, en 1815, organisa la première école d'enseignement mutuel, rue de Popincourt, à Paris ; lui-même dans son salon forma les premiers moniteurs de l'école.

Il publia (1816-1818), un ouvrage des plus utiles: *Guide de l'enseignement mutuel ;* ce livre eut plusieurs éditions, et l'auteur en abandonna généreusement le produit à la caisse de la société.

Dans sa préface, il s'exprime ainsi :

« On demandait, chaque jour, à la société d'éducation élémen-
» taire, un guide propre à diriger les maîtres et les fondateurs
» d'écoles dans les départements : c'est dans le dessein de répon-
» dre à cet appel que nous sommes entré dans des détails les plus
» minutieux, afin que le maître du village, qui n'a point de mo-
» dèle, pût, sans être embarrassé, diriger l'établissement d'une
» école, tant sous le rapport du matériel que sous celui de l'ensei-
» gnement. »

---

(1) Mme Dumolard, née Boucher, morte quelques années avant son époux, frappée, dit-on, d'apoplexie. Elle avait été mordue un mois avant par un chien de garde, non malade, mais qui lui avait déchiré la jambe.

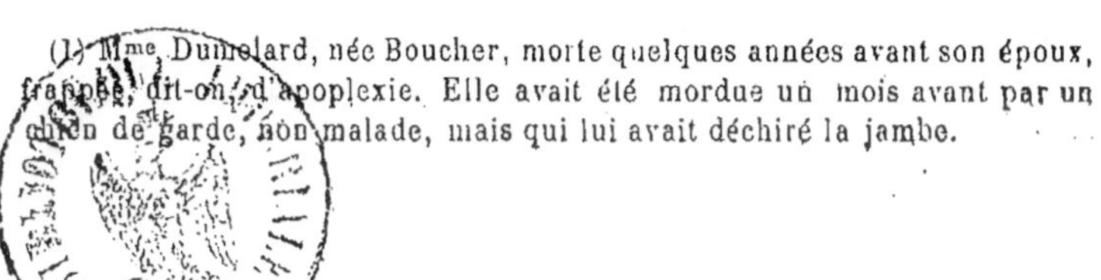

M. Bally fit un rapport sur un projet économique proposé par l'abbé Gaultier, tendant à faciliter l'instruction des enfants des petites communes pauvres qui n'ont que vingt à trente élèves.

C'est à lui qu'on doit les premiers tableaux de grammaire française employés dans les écoles mutuelles.

A son retour de Barcelone, le conseil de la société, pour lui témoigner l'estime et l'admiration de ses collègues, adopta un tableau de lecture destiné à retracer le dévouement du docteur Bally et des autres médecins, à Barcelone (1).

Il remplaça le vénérable abbé Gaultier, au *conseil d'instruction* formé à la préfecture de la Seine.

En 1847, on le retrouvait à Rome et à Naples, où il était venu faire des études statistiques sur le choléra. Plus que septuagénaire, il fit avec le docteur Herpin, l'ascension du mont Vésuve; il accomplit ce trajet, si difficile autrefois, sans porteurs et sans aides, avec une force et une vigueur extraordinaires.

En 1846, l'ex-médecin en chef de Saint-Domingue, fut nommé président de la section de médecine lors de la 14e session du congrès scientifique de France, à Marseille.

L'année suivante, les membres du congrès scientifique de Tours lui décernèrent les honneurs de la présidence.

En 1858, il fut nommé vice-président du congrès scientifique de Grenoble; c'est devant cette assemblée qu'il lut une notice sur un savant botaniste, membre de l'Institut, le docteur Villars.

En novembre 1865, il abandonna le château de la Butte pour venir se fixer à Salon, près de son neveu, M. Victor Bally, chirurgien en chef de l'hôpital de cette ville.

Le 21 avril dernier, après trois jours de maladie, il rendit sa belle âme à Dieu, entouré de ses enfants et jouissant de toutes ses facultés, à l'âge de 92 ans.

---

(1) Ce tableau fut d'abord approuvé par M. le Préfet de la Seine, puis imprimé.

Il était un des derniers survivants de l'expédition de Saint Domingue.

Le conseil municipal de Grenoble a voté, il y a quelque temps, une somme pour le buste de Victor Bally; ce buste en bronze doit être placé avec ceux des Dauphinois célèbres.

M. Bally avait une instruction solide et très-étendue, un jugement sain et un cœur ardent; son nom restera toujours entouré d'une brillante auréole, et le zèle et le dévouement dont il fit preuve à Barcelone, commanderont toujours l'admiration.

J. MINJOLLAT,

Membre de l'Université.

BIBLIOGRAPHIE

I. Opinion sur la contagion de la fièvre jaune. Paris 1810. (Extrait de la *Revue médicale*).

II. Traité du typhus ou de la fièvre jaune. Paris. Smith. 1814.

III. Rapport présenté à S. Exc. le Ministre de l'intérieur, par la commission médicale envoyée à Barcelone (1re partie). Paris, 1822, imprimerie royale, in-8.

IV. Histoire de la fièvre jaune, observée en Espagne et particulièrement en Catalogne, dans l'année 1821. Paris 1823, in-8 (avec MM. François et Parizet).

V. Rapport fait au conseil supérieur de santé, sur la fièvre jaune qui a régné au Port-du-Passage, en 1823, in-4. Imprimerie de Didot, Paris 1824.

VI. Etudes sur la choladrée lymphatique ou choléra indien, et sur la fièvre jaune. Paris 1833, in-8. Imprimerie de F. Didot.

VII. Considérations pratiques sur les fièvres intermittentes et sur l'emploi du sulfate de quinine. Paris 1833.

VIII. Coup d'œil sur l'histoire de la gymnastique. Paris, imprimerie de Fain, 1817, in-8 (Extrait du journal d'éducation).

IX. Etude sur les eaux thermales de Lamotte-les-Bains, arrondissement de Grenoble. 1844, in-8. Paris, imprimerie de Bourgogne et Martinet.

X. Mémoires sur les forces vitales, sur les indications et contre-indications de la saignée, et réflexions sur le scorbut, in-8, 1846.

XI. Vie morale, politique et littéraire du comte Français de Nantes, in-8, 1860.

XII. Le voyage d'Horace à travers les marais Pontins, considéré spécialement sous le point de vue médical, in-8.

XIII. Lyon à l'occasion de la maladie asiatique, in-8, 1850:

XIV. Topographie médicale d'Angers, in-8, 1850.

XV. Considération sur la rage, in-8, 1850.

XVI. Notice historique sur le botaniste Villars, in-8, 1858.

XVII. Projet d'association médicale.

XVIII. Guide de l'enseignement mutuel. Paris 1816-1818.

M. Bally a publié encore quelques autres mémoires dans la *Revue encyclopédique* (1819), la *Revue médicale* (1820), la *Gazette des Hôpitaux* (1849) ; des mémoires sur la gymnastique dans le grand dictionnaire des sciences médicales ; mémoires sur les analogies et les différences du choléra asiatique et de la fièvre jaune (Extrait du Bulletin de la société d'éducation). Il a donné les 5e et 6e édition du formulaire magistral de Cadet-Gassicourt. Paris 1825 et 1826, in-18.

BIOGRAPHIES

I. Le docteur Bally, par le docteur Evariste Bertulus, son élève et son ami, in-18 jésus, 1866. Imprimerie Olive, Marseille.

II. Notice sur le docteur Victor Bally, par le docteur Herpin (Extrait du Bulletin de la société pour l'instruction élémentaire), in-8 de 8 p., 1866. Paris, imprimerie de Raçon et Cie.

III. Notice sur le docteur Bally, 1er volume de la biographie du Dauphiné, 5 colonnes, page 57 à 59, 1856.

IV. Notice sur le docteur François-Victor Bally, par J. Minjollat, son compatriote. 1867. Imprimerie Savigné, à Vienne.

PORTRAITS

I. V. Bally, ex-médecin en chef des armées, médecin de S. A. S. la princesse L. de Condé. Lith. in-fol., buste, de 5/4, D, dans un cercle formé par un serpent.

II. Victor Bally, lith. de Marlet, buste 5/4 G. — In-4.

III. V. Bally, buste presque de face, point. méd. rond, de 54 mill.

IV. Bally, buste 3/4 G. Ambroise Tardieu, direxit, in-8.

V. M. le docteur Bally, président du congrès scientifique à Tours. P. R. gr. sur bois (n° du 2 octobre 1847, du journal l'*Illustration*).

Vienne, impr. et lith. SAVIGNÉ, place de l'Hôtel-de-Ville. — 1867.

4